MÉMOIRE

A L'ASSEMBLÉE NATIONALE;

PAR LE COMMANDANT

DE LA GARDE NATIONALE

ET DES TROUPES DE LIGNE, A VERSAILLES.

MÉMOIRE

A L'ASSEMBLÉE NATIONALE;

PAR LE COMMANDANT

DE LA GARDE NATIONALE

ET DES TROUPES DE LIGNE, A VERSAILLES.

———

JE m'adreſſe à cette auguſte Aſſemblée pour y jouir des fruits de ſes travaux, ceux des droits d'un homme libre, qui vient non ſupplier, mais ſe faire entendre, réclamer juſtice & demander que ſa conduite & celle des braves compagnons d'armes qu'il a l'honneur de commander, & qui ſont inculpés par la dénonciation que le Directoire du Département de Seine & de l'Oiſe a faite à la barre de cette Aſſemblée, le Samedi 21 Août, ſoient publiquement connus (a).

———

(a) Il eſt dit : *On traite ici les hommes comme des bêtes fauves... on tire à balle ; on garotte, on traîne dans les cachots, &c.*

La-piece d'après laquelle on a pris ces mots, exiſte au Comité des Domaines ; elle y

La religion du Directoire du Département a été surprise, & je déclare que quant aux détachements, aux ordres qui font émanés de moi, & à la conduite qui a été tenue, rien ne peut servir de prétexte à cette dénonciation générale *d'infraction la plus formelle aux Décrets, & de violation des propriétés, de la liberté & des droits sacrés de l'homme.*

Honoré de la confiance de mes Concitoyens, j'ai successivement été nommé par eux Major général, & Commandant en second de la Garde Nationale. Le Roi m'a ensuite donné le commandement de Versailles, & il m'a spécialement chargé de la conservation de ses propriétés & de ses plaisirs. J'ai rempli cette tâche bien difficile, Messieurs; les braves Citoyens que j'ai l'honneur de commander, le hasard & mon zèle m'ont plus servi que mes foibles talens, mais jusqu'à ce moment j'ai réussi, j'ai tout concilié. Peut-être même n'avons nous pas été inutiles à la chose publique, par l'esprit de paix & d'harmonie que nous avons été assez heureux de maintenir dans une malheureuse Ville où les ennemis du bien public, ont toujours cherché à fomenter & à susciter la division & les insurrections.

Le Directoire du Département vous a dénoncé des vexations qui tombent sur les Citoyens soldats & sur les Troupes de Ligne qui font à Versailles. Ces Troupes se trouvent généralement comprises dans les atrocités dénoncées. Le Directoire du Département aveuglé par le desir, peut-être louable, de manifester ostensiblement sa popularité, envers des Citoyens auxquels il doit ses fonctions, n'a pas vu l'injustice avec laquelle il traite d'autres Citoyens, qui depuis qu'ils font armés pour la révolution, n'ont cessé de mériter l'estime & la reconnoissance

---

a été remise par un des Membres du Directoire du Département, qui étoit de la Députation qui s'est présentée à la Barre de l'Assemblée. Cette pièce paroît même être d l'écriture d'un de ses Membres.

publique, fentiment que doivent auffi partager les Troupes de Ligne qui les fecondent fi bien. Pour moi, Meffieurs, qui n'ambitionne d'autre gloire que celle d'une conduite pure, & qui pour la prouver n'invoque que mes actions, jufte & impartial en tout & vis-à-vis de tous, j'ai marché, même au milieu des troubles & des injuftices, la tête haute & l'ame calme. J'ai juré de maintenir les Loix & de reprimer par-tout la licence, & je n'ai pas ceffé un moment d'être fidele à ce ferment. C'eft fous tous ces titres, Meffieurs, qne j'ai des droits à demander, que ces actions, cette conduite, ces fentimens vous foient connus par le compte que vous rendra votre Comité des Domaines, fi vous lui renvoyez ce Mémoire & les pieces qui y font jointes.

Permettez donc, Meffieurs, que je faffe ici un expofé fuccint de quelques faits importants.

Vos Décrets n'ont été violés par aucun des ordres émanés de moi, parce que toujours mes démarches ont été approuvées par la Municipalité, & que toujours elle a requis les difpofitions que j'ai faites fuivant les circonftances, tant pour la confervation des propriétés de tous les Citoyens, que pour la confervation des propriétés du Roi & de fes plaifirs.

Pendant l'hiver dernier, les bois & les villages où il s'eft fait des affaffinats, & des vols avec effraction, toute efpece de propriété, la fûreté publique à plufieurs lieues à la ronde, & les chaffes, ont été confervés & protégés fans aucun acte de violence, mais bien au prix des fatigues incroyables de la part de la brave Garde Nationale que j'ai l'honneur de commander ainfi que des Troupes de Ligne qui y font réunies. Il en a été de même pour les infurrections fréquentes qui fe font manifeftées à Verfailles.

Le 23 Mai, environ 50 Braconniers ont chassé sur les propriétés du Roi; ils dévastoient bois & gibier. J'ai commandé 30 Gardes-Suisses & autres Troupes. Les 30 Gardes Suisses les rencontrent, les vagabonds les mettent aussi-tôt en joue; le Commandant Suisse d'après mes dispositions ordonne, haut les armes, défend que personne ne tire; tombons sur eux, dit-il, c'est à nous d'essuyer leur feu; un Garde-Suisse est terrassé, son fusil est cassé; on parvient à arrêter plusieurs des Braconiers, les autres fuyent, on remet les premiers en liberté sans que j'aie provoqué une punition bien méritée; *sont-ce là des vexations ?* (n° 1.)

Depuis un mois, des insurrections se sont manifestées dans les Campagnes. D'après les plus instantes réquisitions des Municipalités voisines, la Garde Nationale de Versailles a marché soutenue des Troupes de Ligne. J'ai été à leur tête: nous avons passé trois nuits dans les campagnes, nous avons parcouru les environs à deux & trois lieues : quelques mutins ont été arrêtés, le calme a été rétabli, le cultivateur rassuré; & le Directoire du Département a oublié les justes éloges que méritoient des soldats Citoyens, qui pour la tranquillité publique ont abandonné femmes & enfans, ont marché au danger, & n'ont pas même pensé aux frais que ce déplacement leur a occasionnés. Pendant quinze jours ces détachemens se sont souvent renouvellés & toujours on s'y est présenté avec le même zèle. (n° 2 A & n° 2 B.)

Le calme une fois rétabli, la moisson commencée, un autre désordre s'est manifesté. Vos Décrets ont été ouvertement violés. On chassoit, on fouloit les grains encore sur pied, les Gardes-chasses étoient menacés d'être pendus; on les courroit à coups de pierres, ils étoient invectivés aussi-tôt qu'ils paroiſſoient pour en réclamer la loi, & ils n'oſoient plus ſe montrer.

Votre Décret du 22 Juin porte : que *les faits de chaſſe dans les plaiſirs du Roi, ſeront proviſoirement portés au Bailliage de Verſailles.* En conſéquence les Officiers ſupérieurs chargés officiellement de la conſervation, ont requis main-forte dans cette Ville. D'après les ordres de la Municipalité, j'ai commandé des détachemens de Gardes Nationales de bonne volonté, réunis à des détachemens des Troupes de Ligne. L'un des détachemens a été inſulté & menacé par des propos injurieux. On a manqué de reſpect aux Décrets. La force n'étoit pas ſuffiſante ſans employer les armes. Le détachement a préféré de ſe retirer en invoquant la loi. *Sont-ce là des vexations ?* (n°. 3.)

Parmi quelques moiſſonneurs, les payſans, les Gardes déſignent un braconnier de profeſſion. On va à lui, on lui trouve un fuſil caché ſous une gerbe, & dans ſes poches de la poudre & du plomb. Il déclare qu'il a ſon fuſil pour chaſſer, qu'il chaſſera toujours, & qu'il voudroit tuer juſqu'à la derniere piece de gibier. Il nargue la Garde, on l'arrête, il eſt conduit à Verſailles; au lieu de le mener au Bailliage, on le conduit chez le Commiſſaire, il eſt auſſitôt relâché après une mercuriale ; *ſont-ce là des vexations ?* (n°. 4.)

J'ai écrit au Miniſtre de la Maiſon du Roi, une lettre oſtenſible, dans laquelle j'expoſe mon embarras, les déſordres qui ſe commettent, les inconvéniens que je prévois, & j'y provoque avec inſtance une explication ſur les intentions de l'Aſſemblée Nationale, relativement à la conſervation des plaiſirs du Roi.

On m'inſtruit qu'environ huit cent perſonnes doivent chaſfer dans le grand Parc. Un Officier Municipal d'une des Paroiffes en convient devant moi ; les Gardes, les confervateurs des propriétés du Roi m'en font prévenir, & je vois dans cette dévaftation celle des grains encore fur pieds.

Dans le même moment, les Municipalités de cinq Paroiffes, à deux & trois lieues, requierent le Diftrict : elles demandent des fecours contre un nombre confidérable d'hommes qui, malgré leurs défenfes, doivent chaffer, & par là dévafter les grains.

La Municipalité me donne des ordres. Cette Milice Nationale fi injuftement calomniée, & les Troupes de Ligne auxquelles on ne peut reprocher aucune imprudence, qui leur auroit peut-être été pardonnable, par les infultes réitérées & atroces qu'elles ont conftamment éprouvées ; ces Troupes fourniffent des détachemens ; l'un fe porte dans le grand Parc ; mais où a t-il ordre d'aller ? dans une faifanderie clofe de murs, & appartenante au Roi. Les armes y font mifes au faifceau ; il a l'ordre le plus précis de fe conformer aux Décrets, & il en impofe d'une telle maniere, qu'aucun des mal-intentionnés n'ofe fe montrer ; ce détachement fe retire après quatorze heures de fervice : *eft-ce là une vexation ?* (n° 5.)

Un fecond détachement requis par cinq Municipalités fe porte hors du Parc du Roi & de fes propriétés ; je marche à fa tête : on rencontre des braconniers qui gâtent la récolte, ils fuient à l'approche des Troupes ; quatre paroiffent réunis, on les pourfuit pour les connoître. Un Garde National & deux Chaffeurs de Lorraine arrivent à eux, auffi-tôt ils font mis en joue & invectivés. Ces braves foldats méprifent le danger, ils ne font aucun ufage de leurs armes, ils s'élancent au rifque de recevoir un coup de fufil, en détournant le bout des armes ;

ils

ils arrêtent ceux auxquels leur fermeté en a tellement impofé qu'ils n'ont pas ofé tirer. (n°. 6.)

Ces particuliers font remis entre les mains des Municipalités de leur canton ; les Troupes fe retirent après avoir rétabli l'ordre, & elles ne réclament même pas la juftice qu'elles auroient eu droit d'attendre en invoquant la rigueur des Loix, envers des particuliers qui les avoient mis en joue. *Sont-ce là des vexations ?*

Le lendemain, les infurrections du Parc continuent à fe manifefter, les Gardes ne peuvent fe montrer fans être hués & pourfuivis à coups de pierre.

A la requifition des Officiers des chaffes, je place quinze Chaffeurs de Lorraine, répartis dans trois Corps-de-gardes appartenans au Roi. Je recommande la plus grande douceur. (n°. 7.)

Le premier jour que ces poftes font placés, l'un d'eux eft hué & infulté ; cette conduite eft méprifée par la Troupe. Mais bientôt on chaffe, elle veut s'y oppofer avec douceur ; les Moiffonneurs s'attroupent ; on bleffe un Chaffeur de Lorraine avec une pierre. Les autres font entourés, un Officier eft menacé d'un coup de rateau ; il alloit être frappé, lorfqu'un Chaffeur l'empêche. Celui qui a été violemment frappé, au défaut de l'épaule, a donné un coup de plat de fabre ; un coup de piftolet eft tiré à poudre, & en l'air, pour appeller le pofte de l'autre Corps-de-garde : il arrive ; l'homme qui a frappé eft arrêté, & bientôt il eft relâché ; deux autres font conduits au Bailliage de Verfailles où ils font interrogés, & la Troupe ne demande aucune punition pour les infultes & les coups qu'elle a reçus. Le frappé ne fait aucune plainte. C'eft depuis qu'elle a été provoquée, & cet homme eft bien repréhenfible pour avoir le premier frappé le Chaffeur qui faifoit exécuter la Loi. (nᵒ. 8.)

Depuis ce dernier événement, tout a été affez tranquille, les grains ont été récoltés, on a peu chaffé, & ces patrouilles ont fervi à la confervation des bois mis fous la fauve-garde de la Garde Nationale, à celle des Domaines & propriétés du Roi, & enfin à protéger les Citoyens contre les voleurs qui infectent nos environs. *Sont-ce là des vexations ?*

Un Capitaine de la Garde Nationale, eft établi légalement confervateur des Domaines & Bois du Roi ; & pour la furveillance de fes fonctions, il peut difpofer chaque jour, de quelques Chaffeurs à cheval. Je lui ai ordonné de fuivre exactement les Décrets, en lui recommandant la plus grande douceur.

Le Commandant de la Maréchauffée a des ordres de moi, pour affurer les chemins & les propriétés, protéger les individus, faire exécuter les Décrets ; & pour cela j'ai ordonné un fervice journalier des Chaffeurs à cheval, qui aident les Cavaliers de Maréchauffée ; & par-là notre tranquillité au dehors eft affurée jour & nuit.

Je n'ai reçu que les plus grands éloges de ce fervice, & pas une feule plainte.

Toutes ces difpofitions doivent s'étendre au de-là de la Ville ; elles font bien importantes, Meffieurs ; & vous en jugerez quand vous faurez que les Municipalités n'ofent requérir la force, par la crainte que ceux qui enfreignent la Loi, ne fe vengent fur elles. Cette vérité vous eft atteftée par la déclaration que je vous fais, que le Préfident du Diftrict de Verfailles m'a invité à fortir de la regle des réquifitions des Municipalités de villages, à l'effet de protéger la fûreté & la tranquillité publique : les difpofitions que j'ai faites m'ont mérité des remercîmens. *Si ce font-là des vexations, je fuis coupable de m'être rendu à cette invitation.* (n°. 9.)

Voilà, Meffieurs, tout ce qui s'eft paffé & qui a rapport à mes difpofitions & aux ordres que j'ai donnés. J'en attefte la vérité, & je défavoue toute autre chofe, comme n'étant pas émané de moi, n'en ayant pas eu connoiffance, & y étant étranger.

Je me réfume à demander fi par mes difpofitions, depuis que j'ai l'honneur de commander à Verfailles, fi par un feul ordre figné de moi, un Citoyen eft bleffé ; fi aucun Citoyen a été garroté ; fi aucun Citoyen a été trainé dans les cachôts ; fi aucun Citoyen a été tiré à balle ou autrement.

Mais je dirai de la maniere la plus affirmative, qu'environ cinquante braconniers ont mis en joue trente Gardes Suiffes, qui ont oppofé cette bravoure froide, fi néceffaire, fans demander juftice.

Je dirai, qu'en différentes occafions, on a infulté la Garde Nationale & les Troupes de Ligne, qui vouloient faire mettre les Décrets en vigueur.

Je dirai, que les Gardes du Parc ont été menacés de la corde, qu'ils ont été infultés & pourfuivis à coups de pierre, & qu'ils n'ofent fortir de chez eux.

Je dirai, qu'on a frappé un Officier, & jetté des pierres & bleffé un Chaffeur de Lorraine.

Je dirai, qu'on a tiré fur les Chaffeurs de Lorraine, qu'un cheval a été bleffé & qu'un Chaffeur a eu fon chapeau percé par une balle, fans qu'on fe foit permis de ripofter.

Je dirai, qu'on a mis la Garde Nationale en joue, ainfi que les Troupes de Ligne.

Je dirai , qu'au mépris des Ordonnances rendues sur des Décrets, on a presque continuellement chassé sur les propriétés du Roi.

Enfin, Messieurs, je dois vous communiquer mes allarmes & mes vives inquiétudes, parce que d'après la dénonciation du Directoire du Département, les Journaux ont désigné la principale force active & réelle du District, comme coupable d'atrocités qui répugnent à entendre. Comment pourrons-nous arrêter la licence, quand la Garde Nationale & les Troupes sont accusées d'une tyrannie révoltante. Les mal-intentionnés profiteront de ces calomnies ; rien ne sera respecté , & notre force sera paralisée.

J'ai l'honneur de vous demander , Messieurs , de permettre qu'il vous soit rendu compte des inculpations du Directoire du Département, ainsi que des réquisitoires & des ordres donnés qui sont ci-joints. Si mon zéle m'a trompé, quoique mes motifs soient purs , *je demande à être puni* parceque la chose publique ne permet pas de pardonner les fautes particulieres, même involontaires. *Tel doit être le grand intérêt de la Nation :* Dans le cas contraire , je regarderai comme le plus beau moment de ma vie, votre approbation sur ma conduite.

Mais la Garde Nationale de Versailles dont le zéle s'est tant de fois manifesté, mérite que dans cette occasion, vous rendiez justice à sa prudence, à son patriotisme, à son dévoûment pour la Constitution, & à sa fidélité à la Nation, à la Loi & au Roi.

Dans ce moment, Messieurs, il m'est bien précieux d'assurer l'Assemblée Nationale que la Garde Nationale de Verfailles, le Régiment de Flandres, les Chasseurs de Lorraine, la Maréchaussée & les Invalides qui forment la garnison de cette ville, y vivent dans cette union, qui n'en fait qu'une seule force indissoluble.

Que dans les Troupes de Ligne, la discipline y est parfaitement établie, que le soldat aime ses devoirs & respecte ses Officiers, & qu'enfin, citoyens & soldats, nous sommes tous réunis de sentimens avec la Municipalité, pour le maintien du bon ordre & de la tranquillité publique.

Signé BERTHIER.

PIECES

A ANNEXER AU MÉMOIRE.

NUMÉRO Ier.

RAPPORT du Commandant du détachement des Gardes-Suisses, dans le détachement ordonné par M. le Commandant de Versailles, la nuit du 5 au 6 Mai 1790.

Moi, Roulin, Sergent-Major du régiment des Gardes-Suisses, me suis transporté le 5 Mai à dix heures du soir pour me rendre au pavillon de Butard, (rendez-vous de chasse du Roi,) avec un détachement de 24 Gardes-Suisses ; là, se sont réunis d'autres détachemens de la Garde Nationale de Versailles & de Chasseurs de Lorraine ; il m'avoit été ordonné de faire des patrouilles, de tâcher de rencontrer une bande d'environ 50 braconniers & coupeurs de bois, qu'on avoit annoncé être dans les forêts des Domaines du Roi, pendant la nuit.

Ces détachemens, après avoir fait différentes patrouilles, se sont séparés à 4 heures du matin : mon détachement étoit dans les fonds du Butard ; j'apperçus trois hommes armés qui se réunirent bientôt à une quarantaine de braconniers aussi armés de fusils & de bâtons. A peine apperçûrent-ils mon détachement, qu'ils remonterent sur le chemin, & se placerent derriere des haies en criant : *Feu, feu sur eux.* Le premier mouvement de ma troupe fut aussi de mettre en joue : je lui commandai, *haut les armes ; ne tirez pas ; c'est à ces gens là à tirer sur nous.... Allons, Messieurs, tirez ;* en même tems j'ordonnai à ma troupe de courir après eux, & d'en faire arrêter ce qu'on pourroit ; cette manœuvre les mit alors en fuite. Nous en joignîmes plusieurs ; un de mes soldats fût terrassé par l'un d'eux, il eût sa bayonnette cassée. Nous en arrêtâmes deux qui fûrent désarmés pour les conduire à la geole de Versailles ; ce que nous avons exécuté, après nous être réunis à un détachement de la Garde Nationale.

Ayant interrogé un de ces braconniers, il ne pût nous déclarer d'où il étoit, mais il ne cessoit de jurer & de vomir mille invectives contre la Nation, contre le Roi, & contre nous.

Voilà, mon Commandant, le rapport de ma mission ; qui se termina à 8 heures du matin. A Versailles, ce 6 Mai 1790.

ROULIN. CLOTUZ.

MEULY. PUCHTEN.

NUMÉRO 2. A.

L'an mil sept cent quatre-vingt-dix, le lundi vingt-six Juillet, une heure de relevée, Nous, Étienne-Denis Perrier, Maire de la Paroisse de Saclay, ayant été averti par le frere Vautier, l'un des Administrateurs de la ferme d'Orsigny, hameau de notre Paroisse, que sous prétexte d'ouvrage, une troupe d'environ deux cents hommes, armés de sabres, bâtons, faucilles & de cordes, s'étoient présentés dans ladite ferme ; nous nous sommes dans l'instant transportés à Orsigny, où nous avons été témoin, qu'après que ladite troupe eut mis à contribution les régisseurs, d'une feuillette de cidre & de pain exigés par violence, ils les avoient contraints de foufcrire une obligation de feize à dix-huit livres pour le fciage de chaque arpent de bled, dépendant de ladite ferme. Auffi-tôt nous nous fommes tranfportés au village de Saclay, où étant, avons requis le minif-tere du Procureur de la Commune, afin de conftater les délits fufdits & autres en fuivant. Inftruit que la même troupe étoit allée chez le fieur Coquillard, Fermier du grand & petit Villetain, nous nous y fommes rendus; & après avoir interrogé le fieur & dame Coquillard, nous avons appris que la même troupe étoit augmentée au nombre d'environ trois cents, dont plufieurs étoient des ouvriers ramaffés par force, & troublés par ménaces de leurs travaux; que là, après avoir cherché à intimider l'époufe & les enfans dudit Fermier abfent de chez lui, par l'afpect d'un bois en forme de potence, & d'un croiffant, ils avoient forcé un fils de la maifon, à foufcrire, au nom de fon pere, un billet conforme à celui qu'ils avoient exigé dans la ferme d'Orfigny.

Nous, Maire fufdit, & Procureur de la Commune, avons fait rédiger & figner le préfent Procès-verbal fur les lieux, & avant que d'en partir, pour fervir & valoir ce que de raifon. *Signé* PERRIER, *&* BAUVE, *Procureur de la Commune.*

Nous, Maire & Fermier de la Paroiffe de Touffus, certifie que la même contribution qui a été faite à la ferme d'Orfigny, dont eft fait mention ci à côté, a été exercée hier chez nous, accompagnée des menaces de la corde; & le nombre d'hommes, armés de bâtons & faucilles, étoit d'environ trois cents, pour lequel nous avons figné le préfent. Fait à Touffus, le vingt-fept Juillet mil fept cent quatre-vingt-dix. *Signé,* LE BEAU, *Maire,* & MAROLLE.

Les Municipalités de Saclay, Touffus, Châteaufort & Villiers, re-quierent de la Municipalité de Verfailles, les fecours qui pourront leur être néceffaires dans quelques jours, fi les attroupemens mentionnés ci-deffus reprenoient vigueur. Fait à Verfailles, le 27 Juillet 1790. *Signé* PERRIER, *Maire de Saclay;* DESCHAMPS, *Maire de Châteaufort;* LE BEAU, *Maire de Touffus;* PIGEON, *Maire de Villiers.*

NUMÉRO 2. B.

CERTIFICATS des Officiers Municipaux, Fermiers & autres Citoyens des environs de Versailles, sur les services essentiels qui leur ont été rendus par la Garde Nationale de Versailles, & les Troupes de Ligne qui l'ont accompagné.

Nous soussignés, certifions & attestons que d'après nos réquisitoires, la brave Garde Nationale de Versailles avec des Troupes de Ligne, sont venues en forts détachemens secourir nos propriétés, protéger l'exécution des Loix, violées par des vagabonds, qui dévastoient, mettoient à contribution les Fermiers, leur faisoient passer des actes forcés, marchoient avec des potences, en les menaçant de les y accrocher, mettant les propriétaires à des contributions arbitraires; enfin commettant des excès qui désoloient les habitans.

Ces braves Troupes, sans avoir égard à la fatigue, ont passé plusieurs nuits dans les campagnes; elles étoient par tout, & elles ont rétabli la tranquillité sans commettre le moindre acte de violence; par-tout elles expliquoient les Décrets, & engageoient avec cette persuasion de la raison, & quelques coupables seuls ont été arrêtés.

Nous certifions en outre, que les récoltes menacées par des gens qui chassoient malgré les défenses & les Décrets, ont été protégées par les mêmes Troupes; & qu'à des actes de violence exercés sur eux, elles n'ont opposé que la fermeté nécessaire, sans aucune réciprocité; & qu'enfin nous ne saurions rendre trop ostensible notre reconnoissance, tant pour la Garde Nationale & les Troupes de Ligne, que pour le Commandant.

Ce 28 Août 1790.

Signé,

COQUILLARD, Maire;

BLOT, Procureur de la Commune, } de Vélizy.

Note du Maire de Vélizy.

Nous avons signé le présent sans cependant avoir lieu de nous plaindre des Braconniers, n'en ayant pas vu qui nous aient fait tort dans nos grains.

MALINORE, *Procureur de la Commune.*
LE BY, *Officier Municipal.* } de Bievre.

RONSERET, *Fermier.*
Vᵉ RONSERET, *Fermiere.* } de Favreufe.

DEBORD, *Procureur.*
COULEAU, *Officier Municipal.* } de Saclay.

PEULIER, *Maire.*
SOUDÉ, *Procureur-Syndic.* } de Saint-Aubin.

L. BAULT, *Maire.*
MAROLLE, *Fermier.* } de Touffus.

PIGEON, *Maire.* de Villiers-le-Bacq.

ELLEAUME, *Greffier.* de Châteaufort.

D'AIGUILLON, *Maire.*
DE BRIKUSSE, *Officier Municipal.* } des Loges.
MAILLÉ, *Fermier.*

PLET, *Fermier.* de Villacoublay.

NUMÉRO 3.

NOUS Letellier, Lieutenant des Chaffeurs de la feconde Divifion, nous étant tranfporté d'après l'ordre de M. le Commandant, fur la réquifition de la Municipalité, à la plaine de Bois d'Arcy, à la tête d'un Détachement de douze Chaffeurs, pour veiller à la confervation des propriétés du Roi ; après nous être mis en marche fous la conduite d'un Garde nommé Boutard, & nous être tranfportés dans un endroit où précédemment on l'avoit menacé de le défarmer, nous avons trouvé un nombre d'environ 100 moiffonneurs qui nous ont invectivé d'une manière choquante, & même provoqué. Sur leurs infultes réitérées, nous nous fommes approchés & avons dit aux plus mutins, que, venus dans cet endroit pour faire notre service, il étoit étonnant qu'ils se permissent de nous insulter d'une manière aussi violente & aussi déplacée; que d'ailleurs nous savions que précédemment ils avoient, sans respect pour les Décrets de l'Assemblée Nationale, fait des battues & tué beaucoup de gibier sur les plaisirs du Roi. Sur ce, un plus grand nombre d'entr'eux s'approcha, & ils nous tinrent les propos suivans, *que les plaisirs du Roi n'excédoient pas le petit Parc.* Sur ce, nous leur répondîmes que le Décret portoit le Parc de Versailles & plusieurs autres endroits, tels que Rambouillet, Compiegne, &c. Ils reprirent alors & dirent *qu'ils le savoient, mais que cela ne pouvoit durer, & qu'afin d'y mettre ordre, ils devoient se rassembler deux mille, pour dévaster tout.* Nous repartîn es alors que tous les Citoyens de Versailles ayant juré de maintenir la loi, ils verseroient jusqu'à la dernière goutte de leur sang pour protéger les propriétés d'un ▬▬▬ qu'ils chérissent, & qu'en conséquence on viendroit en force suffisante pour mettre obstacle à leurs vexations; mais ils me dirent alors que plusieurs villages devoient se rassembler; que s'ils n'étoient point assez forts, il leur viendroit *du secours de Paris*; que M. de la Fayette ne souffriroit jamais qu'on tuât des Citoyens, *& que le Garde du Canton, d'après le nouvel ordre de choses, n'avoir pas même le droit d'avoir un fusil*; qu'on leur lisoit les Décrets de l'Assemblée Nationale, *& qu'ils les suivoient lorsqu'ils vouloient: & que cela n'avoit lieu que lorsqu'ils étoient bons.* Nous les avons priés, & même avec menaces, échauffés par des propos aussi séditieux, de vouloir bien faire la plus sérieuse attention à ce qu'on venoit de leur dire; & voyant que la fermentation commençoit à se répandre parmi les Chasseurs, j'ai fait retirer sur le champ la Troppe, pour éviter toute effusion de sang.

A Versailles, le 12 Août 1790,

Signé LETELLIER, lieutenant; CHARRÉS;

LE FÉVRE; AUMAÎTRE.

NUMÉRO 4.

EXTRAIT du Mémoire remis à MM. les Maire & Officiers Municipaux , par MM. les Grenadiers de la deuxieme Division de la Garde Nationale de Versailles , le 12 Août 1790.

UN Détachement de Grenadiers, commandé pour aller s'opposer au braconage exercé dans le grand Parc par des gens qui n'y aucun droit, est parti le mercredi 11 à sept heures du matin. Ils ont parcouru les différens endroits qui leur ont été indiqués, pour y empêcher le trouble par leur présence. Ayant été instruits par quelques habitans de la campagne qu'ils ont rencontrés, que le nommé Pierret, dit Crampon, demeurant à Renne-moulin, étoit braconnier de profession, & ayant entendu les plaintes de plusieurs Gardes qui ont dit l'avoir vu chasser plusieurs fois, ils se sont transportés dans le champ des Vignes, situé dans le grand Parc, propriété du Roi, où le susnommé étoit occupé ; & d'après la reconnoissance qui en a été faite par les Gardes, ils l'ont arrêté. Il avoit sous une javelle un fusil chargé, qu'il a reconnu lui appartenir, ce que sa fille présente a aussi certifié ; après l'avoir revêtu de sa veste, ils l'ont donc amené à l'Hôtel de-Ville. Il y a été interrogé par un Commissaire, en présence de deux Notables. Ayant été fouillé, on lui a trouvé une poire à poudre, & une petite provision de plomb de gros quatre. Interrogé sur l'objet auquel ce gros plomb devoit être employé, il a répondu que sûrement il ne l'avoit pas acheté pour rincer des bouteilles, mais bien pour tuer jusqu'à la derniere piece du gibier du Parc, s'il le pouvoit. Il a avoué aussi avoir répondu au sieur Quinebeaux, l'un des Gardes-chasses du Roi, qui l'avoit pris en flagrant délit, & l'avoit menacé de le faire punir, que s'il le dénonçoit & qu'il en résultât punition à sa sortie de prison, il lui brûleroit la cervelle. On ne devoit donc pas s'attendre, d'après les réponses de cet homme, qu'il seroit

C 2

trouvé innocent : & l'on ose dire que le coupable n'a pas été le moins étonné d'un pareil jugement.

Tel est, Messieurs, le fait que le Détachement qui a été employé le mercredi 11, croit devoir vous dénoncer. Il ne répétera pas les réflexions qui précédent cet exposé ; mais le Commissaire lui ayant paru n'avoir de pouvoir que celui qui lui est délégué par la Municipalité, il a cru devoir vous soumettre l'examen de sa conduite, pour avoir une décision qui lui procure des lumieres qui lui manquent, ou qui fasse juger le coupable suivant qu'il croit qu'il doit l'être. A Versailles, le 12 Août 1790.

Signé, Croiset, lieutenant des Grenadiers ; Lambert ;
Rozetty ; Lombard ; Le Clerc ; Biron ; Dro-
mard ; Toutain ; Marechal ; Nardonnet ;
Quilrier ; Chambault ; Tonnellier ; Lemaire.

Numéro 5.

Copie de l'ordre donné à M. Perrot, Major de la Garde Nationale de Versailles, le 14 Août 1790.

J'ai l'honneur de prévenir M. Perrot, que l'objet du commandement qui lui est confié pour demain 15 Août, est de se porter dans les Parcs du Roi, notamment à Moulineau, de protéger les Gardes contre les insurrections qui se manifestent, en contravention des décrets pour les chasses, & particulièrement sur les propriétés du Roi. Il empêchera que personne ne chasse, conformément à la Loi ; persuadera de son mieux les malveillans du respect qu'on doit aux Décrets & aux propriétés de chacun, & par conséquent de celles du Roi. S'il y avoit des délits de chasse, c'est au Bailliage qu'il en seroit donné connoissance, & c'est au Bailliage que les délinquans seroient conduits.

Il y aura deux patrouilles de Chasseurs à cheval qui parcoureront les mêmes plaines, & elles se réuniroient à l'Infanterie, s'il y avoit lieu, par insurrection.

M. de la Martiniere requérera M. Perrot pour les parties où il auroit été instruit qu'il doit y avoir du désordre.

Il faut prudence & fermeté ; s'il y avoit quelque chose qui fut assez conséquent pour m'en faire prévenir, il faudroit le faire de la manière la plus prompte, & je marcherois aussi-tôt avec des forces suffisantes.

Signé, BERTHIER.

NUMÉRO 6.

L'an mil sept cent quatre-vingt-dix, le quinzieme jour du mois d'Août, en vertu d'un ordre de M. le Commandant de la Garde Nationale de Versailles, en date du 14 dudit mois, moi, Michaut, Aide-Major général de ladite Garde, me suis rendu à Saclay chez M. le Procureur de la Commune, & lui ai fait part de l'ordre dont j'étois porteur, & lui demandai s'il lui étoit possible de me donner un détachement de la Garde Nationale de Saclay, pour maintenir le bon ordre dans la plaine, & faire mettre en vigueur le Décret de l'Assemblée Nationale du 24 Juin, & que j'emploirois mes forces à soutenir le détachement qu'il me donneroit ; à quoi M. le Procureur de la Commune m'observa que la Garde étant occupée à la moisson, il lui étoit impossible de la rassembler ; mais que je n'avois qu'à me transporter sur les terres de M. Cauville de la Martiniere, qui, dans la matinée, devoient être remplies de Chasseurs. Je lui demandai la conduite que je tiendrois, & si je devois arrêter les délinquants ; il me dit de le faire, dans le cas où il y auroit de la résistance. Je me rendis sur le champ chez M. Cauville, qui me dit qu'il y avoit un instant que des braconniers étoient dans ses avoines, & qu'ils fouloient les grains & les luzernes ; qu'il avoit été leur dire que la chasse n'étois permise qu'au premier Septembre, & qu'ils étoient en contravention ; ils l'envoyerent promener, & continuerent à chasser ; à ce moment j'entendis des coups de fusil derriere la maison, & j'y fus avec le détachement que je commandois ; les braconniers étoient alors dans le milieu d'un regain de luzerne ; aussi-tôt qu'ils nous apperçurent, ils se séparerent, & deux gagnoient le village. Je les devançai avec deux Chaffeurs de Lorraine ; le premier mouvement d'un fut de mettre un Chaffeur en joue, & de le menacer de le jetter en bas de fon cheval ; cette menace n'intimida pas le cavalier, & l'emmena avec les autres. Le fecond qui étoit derriere une haye, en fit autant ; nous nous ralliames, & entourames les braconniers ; un d'entr'eux vint à moi avec un fufil double, & me mit les deux canons près du ventre, en me difant qu'il avoit le droit de chaffer ; je me faifis du fufil par les deux canons ; pour déranger la direction, il donna une fecouffe qui me fit perdre l'arçon, & je faillis tomber, lorfqu'un Chaffeur de Lorraine lui fit lâcher fon fufil. J'emmenai les quatre quidams défarmés chez M. Cauville ; le Maire de Saclay s'y eft trouvé ; je lui ai remis les délinquants, & il m'a ordonné d'emporter les fufils à Verfailles ; il n'y a eu ni coup de fabre, ni de piftolet, ni de carabine, de donné. M. le Maire de Saclay m'a dit de me retirer avec mon détachement, dont il a loué la bravoure & la prudence, en me priant de continuer ma patrouille dans tous les environs.

À Verfailles, ce 15 Août 1790.

Signé, MICHAUT.

NUMÉRO 7.

COPIE de la Configne donnée aux Chaffeurs de Lorraine, pour le fervice des Corps-de-gardes du grand Parc.

LES Chaffeurs de réferve dans les Corps-de-gardes du grand Parc, y refteront jufqu'à ce qu'ils foient requis par les Gardesc-haffes pour leur prêter main-forte à l'effet d'empêcher tout particulier de chaffer ; conformément au Décret de l'Affemblée Nationale, ils mettront toute la prudence dont ils ont donné des preuves en toute occafion.

Verfailles, le 16 Août 1790.

Signé, BERTHIER,

N U M É R O 8.

Copie du Rapport fait par le Brigadier des Chaſſeurs de Lorraine, de poſte au Corps-de-garde de Saint-Quentin, le 17 Août 1790.

LE 17 août à huit heures du matin, en vertu des ordres de M. le Commandant de Verſailles, je ſuis arrivé au poſte de Saint-Quentin pour protéger les propriétés & chaſſes du Roi, accompagné d'un de nos Officiers. Les Gardes ſont venus nous prier de faire une patrouille ; nous avons vu des moiſſonneurs au nombre de plus de trente qui chaſſoient en faiſant des battuïs & courant après les faiſans & autres gibiers qu'ils aſſommoient à coups de bâtons ; les Gardes & nous fumes après pour les arrêter & les reconnoître. Ils nous appelloient *ſacrés chiens verts*, *voleurs*, *coquins*, *mâtins*, & enfin de toutes invectives poſſibles. Un chaſſeur en approche un qui avait un faiſan dans ſa chemiſe ; il était près d'une remiſe & alors il ramaſſe un caillou & le lança au Chaſſeur qu'il atteignit au défaut de l'épaule ; la douleur met le Chaſſeur en colère & il lui appliqua un coup de plat-de-ſabre qui lui fit une plaie très légère au front. Pendant ce tems tous les moiſſonneurs attroupés menaçaient avec leurs bâtons & rateaux ; la troupe fut forcée de ſe mettre en bataille ; un Officier a un bâton levé ſur lui ; un Chaſſeur empêche qu'il ne ſoit frappé ; deux autres particuliers qui courraient le gibier furent arrêtés & conduits au Bailliage de Verſailles où ils ont été interrogés. *Signé* B A T T, Brigadier, GRON, BERNARD, ROUTY, GOGNELE, Chaſſeurs.

N U M É R O 9.

Copie de la Lettre de M. Baſſal, Vice-Préſident du Diſtrict de Verſailles, à M. le Commandant de la Garde Nationale.

Verſailles, le 26 Juillet 1790.

MONSIEUR LE COMMANDANT,

PLUSIEURS particuliers effrayés de l'apparition fréquente d'un grand nom-

bre d'étrangers qui se portent jusques dans leurs maisons pour y demander
des subsistances & pour taxer le prix des journées, nous ont requis de remé-
dier à ce désordre qui commence à devenir menaçant pour la tranquillité
des campagnes La marche tracée par les Décrets serait sans doute de faire
requérir par leur Municipalité le secours des Municipalités voisines, mais
tous les Officiers de ces Municipalités sont intimidés par la crainte que ces
brigands ne se vengent.

M. Cauville, un de nos Administrateurs, qui vous remettra cette lettre,
vous dira lui même que c'est cette considération qui retient la Municipalité
de Saclay, où nous savons que depuis quelque jours on est allarmé par des
attroupemens de cette espèce. Le Directoire du District vous aura beaucoup
d'obligation si vous avez la bonté d'envoyer de tems en tems dans ce canton
quelques Chasseurs & Cavaliers qui sont à vos ordres, afin que leur présence
contienne ou fasse éloigner ces vagabonds.

Je suis, &c.

Signé, BASSAL, *Vice Président.*

A VERSAILLES,

DE L'IMPRIMERIE DE LA MUNICIPALITÉ. 1790.